poeta poente

COLEÇÃO SIGNOS
dirigida por Augusto de Campos

Supervisão editorial
J. Guinsburg

Capa e projeto gráfico
Sérgio Luz

Ilustrações de Mínimo
Aquarelas de Sérgio Luz

Ilustrações de Alciáticas
André Aldiati, *Emblemata 1531*

Revisão de provas
Raquel Fernandes Abranches

Produção
Ricardo W. Neves, Sergio Kon
e Raquel Fernandes Abranches

AFFONSO ÁVILA

poeta
poente

Copyright © Affonso Ávila, 2010.

CIP-BRASIL. CATALOGAÇÃO-NA-FONTE
SINDICATO NACIONAL DOS EDITORES DE LIVROS, RJ

A972p

Ávila, Affonso, 1928-
   Poeta poente / Affonso Ávila. - São Paulo : Perspectiva, 2010.
      il.   (Signos ; 51)

   ISBN 978-85-273-0895-3

   1. Poesia brasileira. I. Título. II. Série.

10-2936.   CDD: 869.91
                        CDU: 821.134.3(81)-1

30.06.10   12.07.10   020090

Direitos reservados à
EDITORA PERSPECTIVA S.A.
Av. Brigadeiro Luís Antônio, 3025
01401-000 São Paulo SP Brasil
Telefax: (11) 3885-8388

www.editoraperspectiva.com.br

2010

Sumário

mínimo
2005-2009

crisálida 19
cediça 23
atonia 27
périplo 31
diagrama 35
finis sêmen 39
caos 43
pecúnia 47
nirvana 51
catarse 55
quadrilátero 59
desdouro 63
gaia ciência 67
conúbio 71
teseu 75
espólio 79
módulo 83
lacre 87
terceira estação 91
espreita 95
ícone 99

insólito	103
apoética	107
desmemória	111
alunagem	115
vulgata	119
gaiola	123
linhagem	127
prospecção	131
retroretrato	135
pigmalião	139
ludus	143
urbana	147
poese	151
meridiano	155
Jogo floral	159
repto	163
lugar	167
suíte	171
unção	175

alciáticas

cada palavra é poema   183
emblema   191
teima   193
avena   195
ordenha   197
tença   199
anátema   201
blasfêmia   203
obscena   205
confluência   207
fêmea   209
hiena   211
nênia   213
ausência   215
carência   217
nascença   219
oitenta   221
calenda   223
senha   225
extrema   227
poema   229

poeta poente

*"in fine fique neste poente poeta
a pergunta não percuta"*

Affonso Ávila
Décade 7

mínimo
2005-2009

OTHELLO

*"Si mucho poco mapa le despliega,
mucho es más lo que nieblas desatando,
confunde el sol y la distancia niega"*

Góngora
Soledades

crisálida

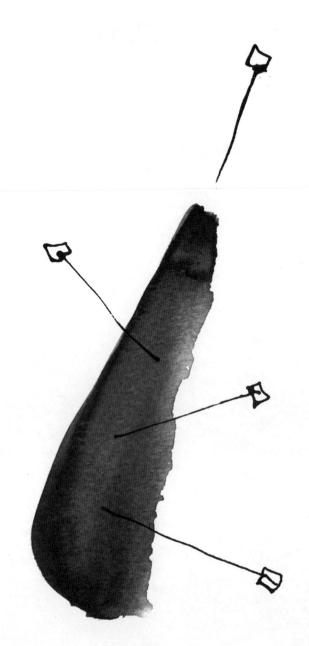

onde a vida viça

a um sol ou graça

e à luz se esgarça

forma ou flor

cambiante escante

fio de ar ou asa

pânica ou impávida

entanto ávida

de ritmo e instante

ao vir a ser de ser

aula de nascer

mínimo

cediça

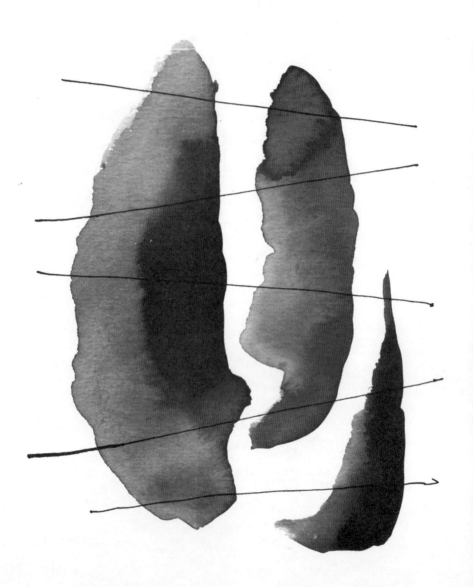

aurora da última hora

ritmo cavalo sem espora

amêndoa de átimo sabor

saber rasurado a sabão

néscia de riso exíguo

míngua

travo de língua

atonia

calada da noite

extremo

estria de som

ah ah que não se pronuncia

assente respiração

anacronia

víscera avesso abulia

em que por quanto o desencanto sem pranto

supercílio deposto sobre o olho cindido

ponto de fuga

périplo

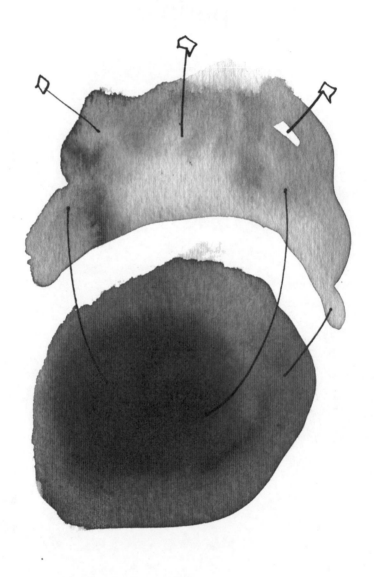

juventus janeiro jubilado
névoa
fementida mente mentira
ira desferida sem mira
mirada em torno de mil ou de nada
calcada calçada onde se feriu aquiles
desfazimento do feito e do não-feito
calcanhar de cada ano subtraído
de cada dia escondido no bolso
calendário de deus contado a sopro
calendas

diagrama

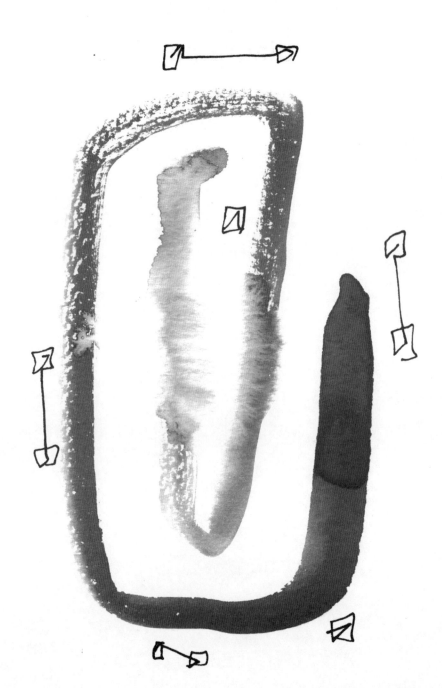

o poema no imo não é para explicar

o é ou não o é

escultura de amílcar

almiscarado ar em torno do vento

invento intuído do sentido

forma desconforme a si mesma

metaforização ou referencial do cognato

nato nascituro em placenta

apascentado rumo sem rumor

côdea risco

finis sêmen

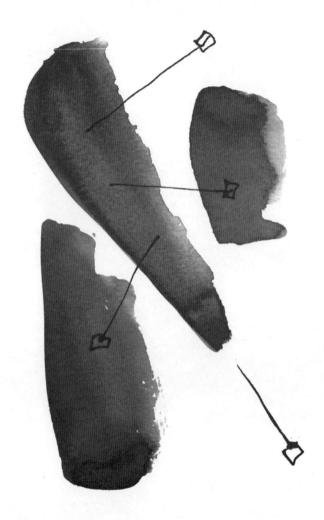

e ainda sutil como um réptil

transfundo mêmero sonial

suspicaz aplástica sereia

númeno em apetite agonial

viso visto revisto

o vão vazio do vácuo

mastigar de mastim sem sonido

navegação em mar amuralhado

súpero suspiro

hausto de onda orgiástica

pasmo doce orgasmo

caos

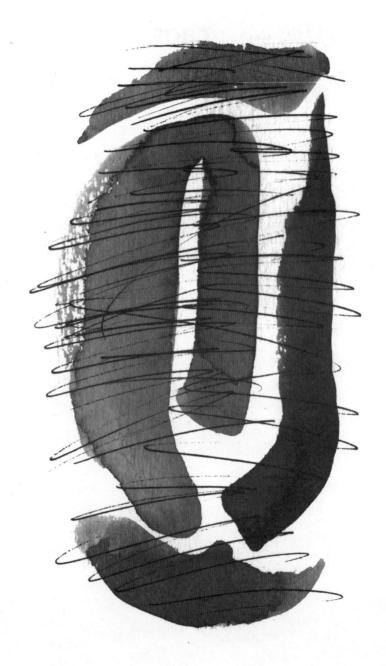

o beijo roubado

o coito enfeitado

o verso adiado

o após do antes infinito

retilíneo percurso

incrustado de curvas e recurvas

volta cerceada memória

o retardo e a tarde sob o sol que ainda arde

algema ou liberdade

caos do pouso

pecúnia

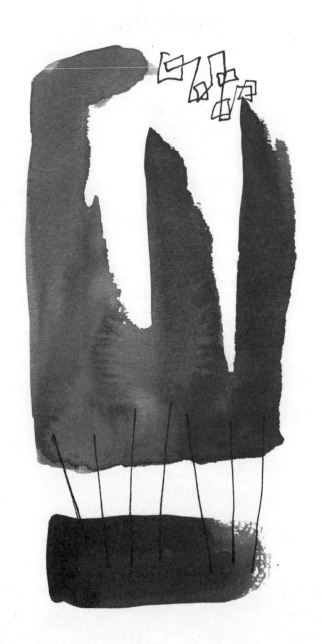

pagar enfim o que foi dado
no jogo da vida ou no jogo de dados
em moeda fadiga beneplácito
ocluso ou tirado a fórceps
suor de fundo de corpo ou tácito
desencontro de tempo e espaço
acaso achado rima de ouro
aplauso de mãos ou desacato
fluido fruído entre rigor e fruta
débito haver de escrito desfrute
saque a bolsa de dor e pague
pedágio

nirvana

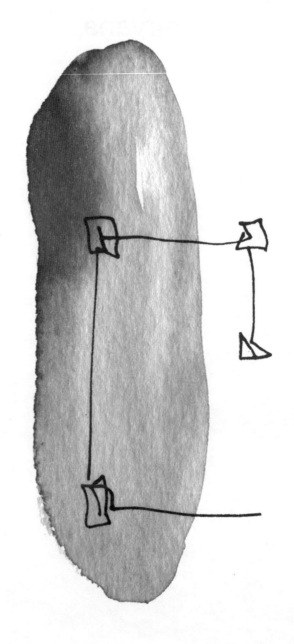

deixe o sentimento fluir
sub-reptícia cristalina água
aspirar o inefável da fonte
trazer à luz a cor do momento
e banhar-se em desejo sem arpejo
silencioso olhar o interdito do corpo
perna entrevista ao viés de acaso
amá-la como se ama o que se cala
calcular o seu toque rijo hipertenso
querer e não ter o ser e não poder
não a expectativa do purgatório de dante
antes apenas o sentimento fugir
entrave
esquivança de ave

catarse

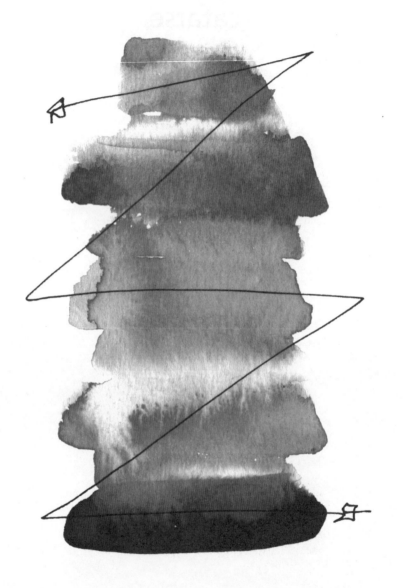

fogo fôlego fuga
sobrevivido rosto sem ruga
insubmisso narciso ao espelho
de cristal ou água ou vídeo
aprendido o senil esgar do sorriso
olhe-se afinal à própria face
décadas de pele contraída
repulsiva máscara
de pedaços de ser fracassos
frustros de aparência
porém gomos implícitos de amor
ao instante aflorando
clarão de manhã entrecor de crepúsculo
reificação em límpida linfa
absolvido mito
filho de deus e ninfa

quadrilátero

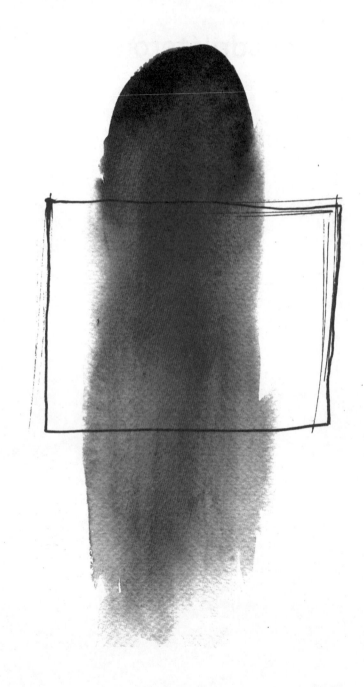

andar ao ruído do próprio eco

imóvel andarilho sem trilha

ensimesmado passo a passo

percorrido diâmetro da ilha

diapasão ao reto impassível do teto

onde está a ogiva a admissível janela

em vão rastrear o retrospecto

apagado à escova do quadro de giz

pé ante pé o salto em falso

do que fulgiu ou falhou na sua fala

palavra retrocedida ao dicionário

na submersa semântica

o poço do poço

calabouço

parede óbice

desdouro

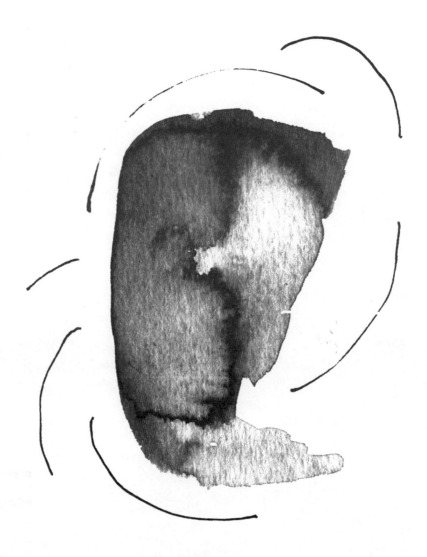

o ouro à flor da mão ao rés do chão
captá-lo a escorrer entre os dedos
a dívida cobrada a teor de quilate
o construído o consentido o destruído
peça por peça o pensamento
nascituro infante ou ao alento
do balbuciar o delíquio do ofício
o soluçar a prece a incúria do vício
o ter por onde ir e não saber a saída
caminho abstruso da absurda vida
sem dica e fazê-la a ferro e fogo
o que saiu do nada e do nada é refugo
uma história dourada à lapela do peito
sublimado escandir de livro e preito
sáfaro

gaia ciência

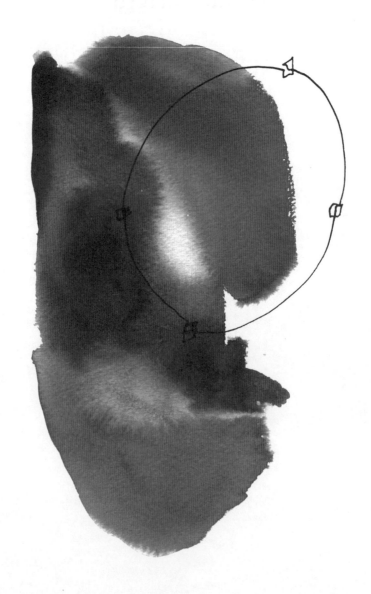

sábio círculo em torno do nada
do além do aquém
de que é que de quem é quem
lição de cór do ardor do amor
signo perseguido em guia de dor
manifesta confusa desvairada
desvario ou alegria de trâmite curtido
palavra de real gozo de conceitual
léxico anverso controverso
capturado mel da defensiva abelha em sua colmeia
dispersivo pescar na convulsão da ideia
rio de acima de abaixo confluência de águas
e quem mais o quis menos o teve
breve perene sempiterno
nascente de prazer ou de frágua
o que ficou desse riso siso
retórico ressaibo

conúbio

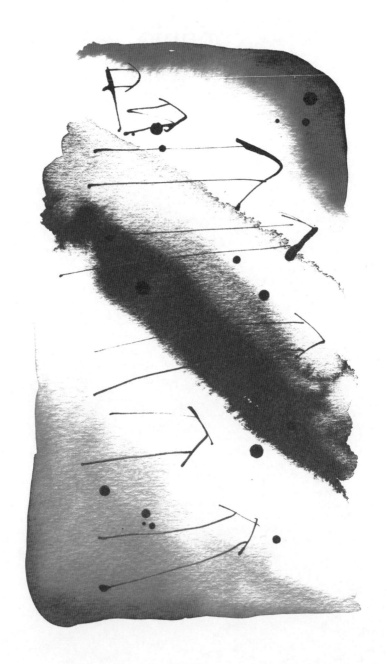

amável excurso pelos pelos do corpo
aquando foi que selvas
diáspora de animais silvestres
que desvestir de peles de véstias
amazônica floresta
núbil de árvores cipós vitórias régias
e o odor verde das conturbadas ramas
dizer talvez conurbadas camas
percorridas de sul a norte
sem percalços de cansaço e viés de morte
ânimas porções de desdias e desnoites
alumbrado paladar de bocas famintas
de hora lugar visões entrevisões
ah! quando

teseu

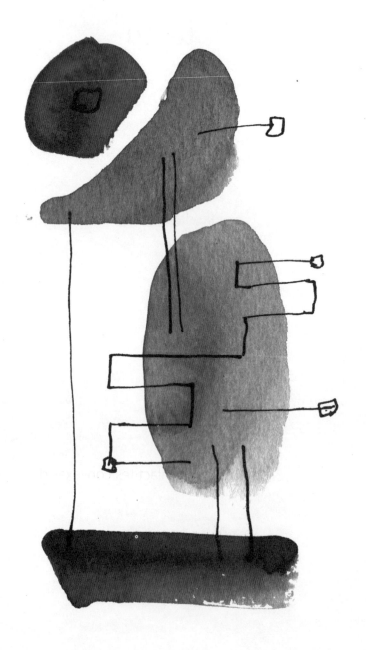

pesar o tino e o desatino

na balança falha do destino

fio de ariadne arquitetura de aranha

tender para o sinal inscrito no absurdo

e perder na partida jogada em desobriga

estender o silêncio como corda rompida

de uma harpa arcaica

arcano de si mesmo em nota destoada

perseguindo órfã a melodia do olvido

e o ido o tido o havido do que foi ouvido

nas estalactites convexas da caverna

guardar como se guarda as prendas da caixa

móvel restado em vindita do azul

vincada em céu

sortilégio

espólio

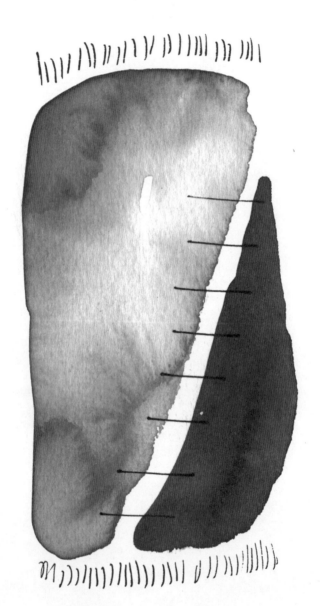

desver o que se viu à vista
transcorrida em parâmetro de vida
amoldar mais a lente em grau de alcance
e não conter senão sombra e insídia
a ida e a volta o subir e descida
espalmar a mão e sentir o perdido
deixado ao léu da estrada e da parada
onde abastecer do combustível do nada
aqui plantou-se colheu-se a fibra
e o dealbar da estrela se fechou à nuvem
em que país cantar-se o cântico da chuva
o licor do sofrer e o ácido da uva
esteira vinda pelo vale de beijo e lágrima
pare pare diz a placa e insistir não por isso
o auscultado espectro despojo
não querido e inquirido

módulo

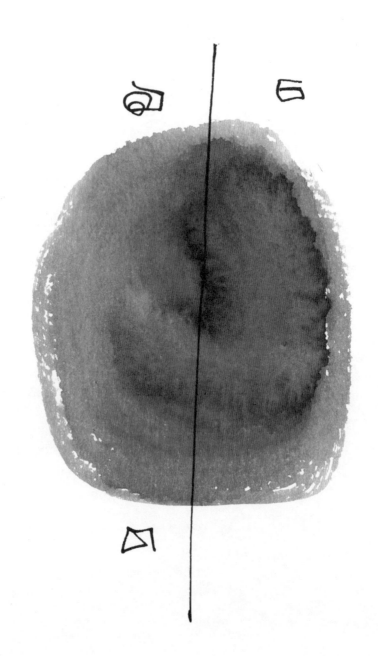

o perfil de si mesmo
inócuo granizo ou sarça
o vivo recessivo e alternativo
imagem de cada surto insulto ou lupo
alinhado à pele com colorido intruso
blandície ou voz pérfida
implosões de intervalos falhados
ereção e queda do falo
a quem recorrer a quem correr
neste páreo perdido
entre a dádiva e o corrupto
quando o amor já não arde
e o filme se cala de mudo passado
saber que o tempo não passou
foi passado para trás
e o transtorno do morno ao frio
urro recalque intramuros
estampa do só

lacre

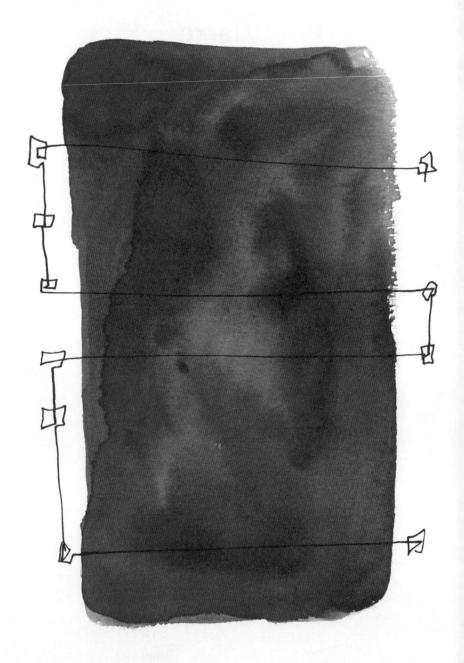

em que desvão a chave falsa do segredo
fundida a ferro liga ou aço inox
para o cofre nunca aberto da verdade
moeda amealhada em papel virtual
poesia ou reticência de súplice ciência
pesquisada a suor ou estresse de mente
sábio filósofo alquimista
ninguém comete a propalada conquista
como conduzir a pilhagem ladrão de casaca robin hood
chefe de máfia
não há na demanda da senha da tranca
artifício hábil ofício orifício
de alavanca marreta gazua
o túnel dá sempre no bueiro da rua
e todos caem de quatro sobre a imperícia
veracidade veraz que não propicia
o acesso o processo o cano de arma do arcano
nem a história tem a vitória da peça mestra
tentativa de tento que não decide a partida
desafio
inviolada arca

terceira estação

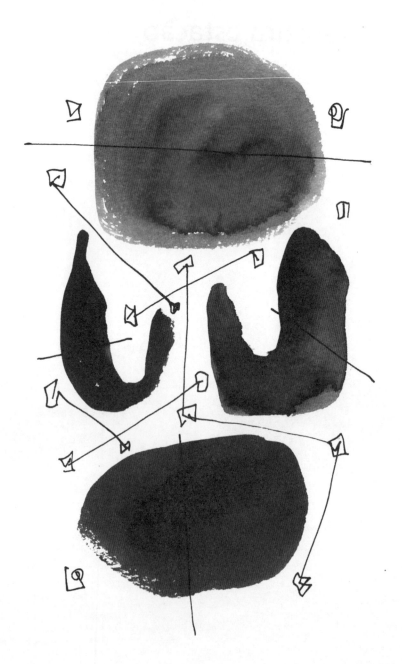

a fonte não secou mas a água está turva
e turva a palavra da antiga clara semântica
seta certeira ao alvo ferina
turbou-se o coração na íntima alegria
e ínfima a voz claudicou na pronúncia
lavá-la ao sal da ficante estesia
rir ao riso oferto da criança
e sussurrar o ruído de espera esperança
abrir janelas à tarde insistente
e assobiar a pino o hino da porfia
lutar até o juiz decretar o seu tempo
e cair em nocaute só ao último assalto
saboreado o ar do derradeiro hausto
luvas de outono
fruto pendente

espreita

precisar urge de um ombro e uma sombra
enquanto a alma é batida de fel e não tomba
enquanto ainda muge a ovelha e despetala sua lã
calar ou falar o último solilóquio
loquacidade de tolo ou santo vencido
do cilício de inácio ou pássaro de francisco
enquanto o olho abre e fecha contra o cisco
enquanto o hábito ainda faz o monge e faz puir sua túnica
enquanto a porta se descerra na fresta única
e é como fugir da calante música
enquanto o horizonte tarda em fechar seu ciclo
e manhã tarde noite confundem-se no círculo
de mancha interlúdia e festa interdícia
frase cortada ao meio interstícia
enquanto o quanto o quando expiam
áspera fábula

ícone

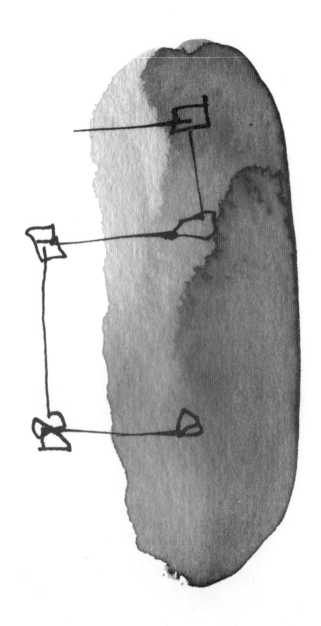

perfil cinzelado a matiz de prata
pele emplumada a seda e sol
soletrar o seu nome a lúmen de cabelo
álacre cabeça soerguida em tempo e graça
e ser lírico outra vez para melhor cantá-la
o busto sobrelevar e os olhos e os dentes
ser impertinente de desejo e audácia
e convencê-la a um código viril
não obstante desgastado senil
quem o veja o diga júnior que o viu
e acompanhá-lo no porvir
pluma a pluma esponsal
peanha
corpo aromático
líquen de vulva

insólito

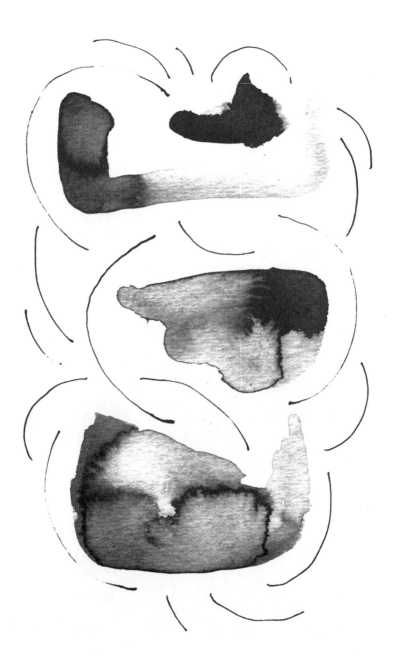

contato é impudicícia ou carência de tato
gesto que sai do corpo como um salto de gato
suave rude ardil ou busca de gozo
rei dos sentidos empós do amor ou do afeto
sondagem de quem sonhou e argui de fato
a empatia escondida entre haustos do só
não temer o impacto da astúcia
colher a rosa no ramo propício enquanto é vermelha
e saborear o odor a cor o íntimo calor
é tarde é breve mas intensa de brilho
signo de infinito clamor
que não calou no estamento do tempo
e rói fundo o apetite que resta
via possível na corrosão do palor
e usá-la a furto oculto
imponderada lapela
fim ou princípio
sorte lançada
defasado cupido

apoética

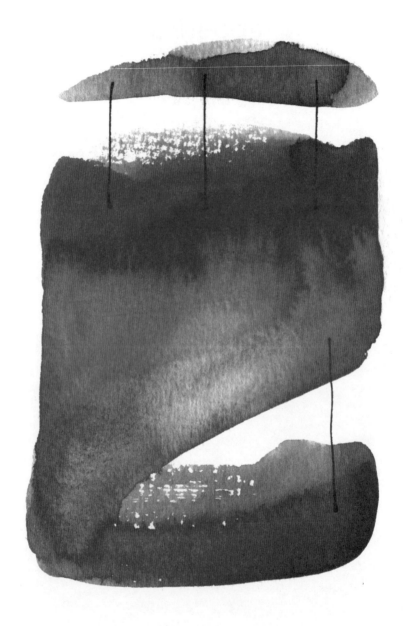

acolher o pretexto para o texto
poesia sem regra nem preceito
acontecida ao interior de si
não mais à impulsão do contexto
real fatal factual
cadente de onde não se pergunta
e acoplada ao desar junta a junta
presunção do devir ou unção do devido
assonância de sua trama percuta
ou cavar a exaurida mina
e ainda resgatar a pedra mínima
padrão que perdura na estância dura
acometida mas não moída em grânulos
algo de sensível move seu conteúdo
e não se fala de farsa humor ironia
transparente de som e vernáculo
contida na ponta do lápis ou digitada máquina
ecoando ao espaço fendido
exsudado poro
meteoro

desmemória

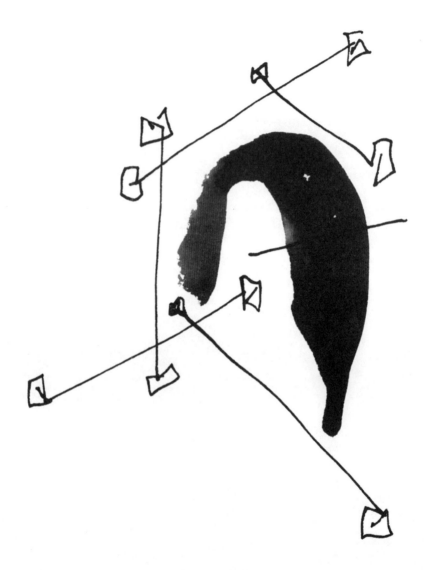

o poema perverso que explanava do sim
foi destruído a traça broca cupim
não se recicla mais ao mais simples embrulho
é menos que restolho de papel entulho
do não servir pela incúria dos furos
inseto alimentado a folha solta ou encadernada
de ditos e não ditos espaços em branco escritas
e dentro o que passou e não ficou grafito
de muros pichados a desoras
e a tinta escorrendo e borrando a mensagem
vivenciada de escamas e esconsos
de palavras esquecidas ao léu das horas
prolóquios de que se perdeu a memória
descartada pela fúria das térmitas
e termo nenhum sobrevive do almaço
só o traço da traça
o virtual escandido do não
a enxúndia cortada a serra inconfessa
demônio do vazio
íncubo

alunagem

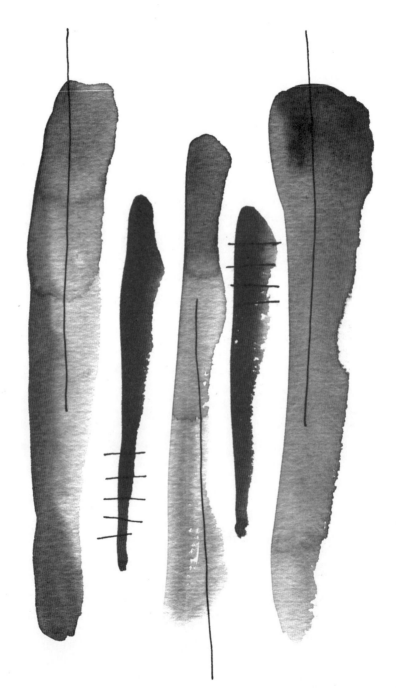

reaprender a ciência do ser para sobreviver
recapitular aluno lição por lição
o toque do prazer a insolência da invenção
retomar o instrumento do be-a-bá cotidiano
ir ao balanço do berço e sorver o leite do seio
e escrever sua carta a longevo correio
dar pedir tomar selo a selo
e prosseguir curioso o trânsito da vez
versar conversar o que ouviu e não se entendeu
até a luz acender ao fim do túnel
que palavra é escanho que vocábulo desdobre
aquilo que no escárnio abre e desencobre
e dizer a si mesmo avance como avançou
e alcançar o retorno do alcance
décadas pressuradas de anseio
e quantas abusões reconverter do novo
ao súbito de um sol descaído
regateado a ouro pobre
nemoroso

vulgata

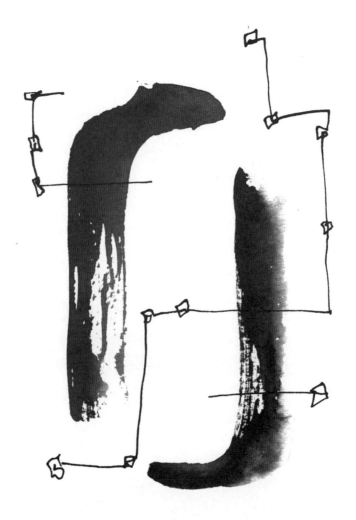

narrar a ferida aberta no peito
seu punhal de agrura e corte
como doeu doía dói ao descarne do dia
e gota a gota o sangue fel de cristo
a cair como chuva de fim de estação
retraços de desastre áridos revéis
água jorrante de restos lixo painéis
descolados de capitosas paredes
fenda e perda do belo e do triste
escândea que não privou de fome
e desacudiu a seara plantada e colhida
vida chamada vida por ser vida
com seu crachá a cada um cada qual
na gola como símbolo predito
de peias correntes algemas
tórax a se mostrar por dentro
ânsia de coração arremetido
em vitórias fugas ressentimentos
janela porta escapes de gente
escaladas de gólgota
sacro encarne

gaiola

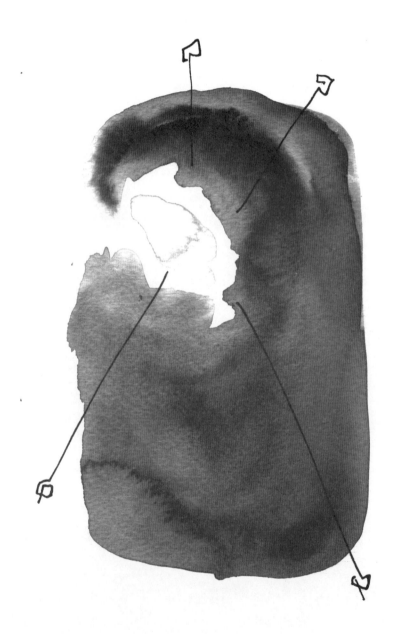

entre cercas elétricas o poeta contesta
o que não inscreveu de parlendas ou texto
no rumo percorrido muro interdito
falazes falares de silêncio e pesca
águas flamantes onde os peixes jacentes
perdem o senso de saltar de vir à tona
grades para o que amou amava ama
travesseiros ouvintes que guardam o segredo
e o medo de ser mais um passo a um meio
de obscurecido dia diálogo com o nada
envolto de senões de surpresas plasmadas
ao rol dos vegetais que crescem e não veem
nem ruídos dão ao fenômeno do ser
só o menos o sem dimensão de medida
submergida nos díspares acasos
aqui onde troou a pugna dos sentidos
preso a uma corrente de negações
surdo-mudo viveiro
pássaro encarcerado

linhagem

flor de cacto cultivado em estufa
aparado cada espinho como se aparam as unhas
a cada instar de eflúvio ou látego
do gozo ou do fracasso
desgastante ao princípio engasgante ao fim
de um jantar que dura mais que o cardápio
de estorvo ou estímulo ao paladar
de uma mesa compartilhada de migas de pão ázimo
com quem se afeta se afera ou desmerece
latifúndia copa senhoril
onde comeram gerações de genes
de bocas fomes dentes parentes
e todos rezaram a prece preambular
de quem fica de quem vai quem se esvai
portas de pé-direito alto tabuado largo de ranger sapato
de tutelares lares hereditários
que a desrazão do ingênito fez nascer medievo
e ao declinar desenha-se dobra desflorente
pedinte de amor
cardo poeta

prospecção

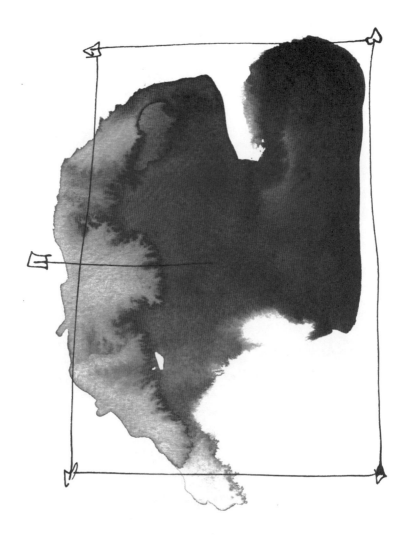

arfante coração de ânsia afetiva
músculo saturado no entanto ativo
a bombear de sangue o sênior organismo
a refundir causas e efeitos compungidos
de um território afetado de surtos e fastos
ombreado de prazerosas ou desgastadas estrias
lances cumpridos lances descartados
ao pungir do dia ao azar da noite
que viria fechar o ciclo da alegria
e ele persistindo trôpego ou orgulhoso
a bater esmorecido sino
anunciando o fim do trajeto
mas ainda a projetada esperança
que não se queda ao tempo e é quente e é fria
meditação de quem a soslaio à espreita
virtuou-se de curva e recurva rua direita
de um burgo traçado a urbano desatino
e ali pedra por pedra insiste
em reciclar a lida lida e escrita
o refrão de indulgência vivida
cor quo vadis

retroretrato

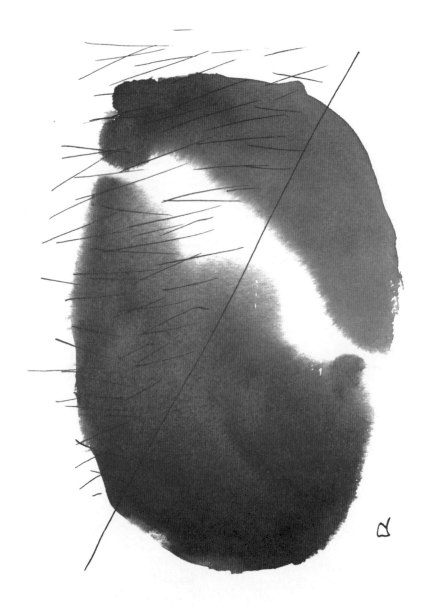

homem ao inteiro ereto erétil
capaz por si mesmo de aprender a lição
e apreender o futuro a um golpe de mão
trazer a coisa à proporção da coisa
obviar o óbvio refutar o obtuso
rosto sem rastilho de mágoa
olhar a olho fixo o oferecido quinhão
de quem busca hábil e apto o sutil
e sabe a nítida resposta ao proposto
propósito de andar a passo denso
e desviar-se do desvio e do infenso
conquistar a furtivo ou declarado
o momento do sim a ocasião do si
e devolver o que é não e contrafação
medrado a medo fortuito e resistir ao senão
púbero adulto barbeado a insulto

e redarguir a insinuada ofensa
com ah!s oh!s sem oscilo de hostil
e blasonar o nunca ameaçado a punhal
canto impostado de cândido tenor
sonso ou ardiloso ao prenúncio do amor
apresado como se apresa a esteira da fonte
testa firme aos choques ou compressões
da concorrida ciência
e dizer de cima da mulher encantada
ser alimento de carícia e licor de impudicícia
ontem ontem
túnel do tempo

pigmalião

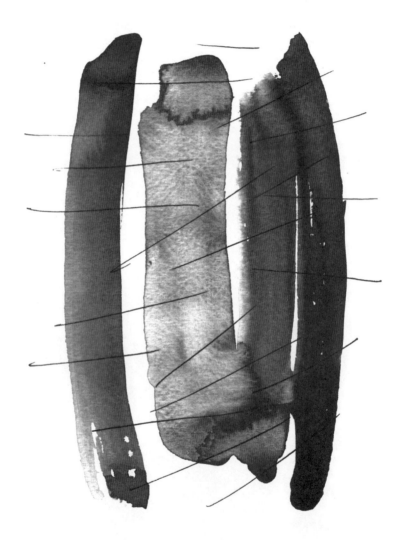

esculpir sem verso a versão da vestal
madeira gesso mármore ferro ou pedra-sabão
revestida a carne ao tecido passional
e carregá-la em triunfo ao topo nupcial
importa pouco a soberbia da deusa
imaginada e desejada a prenda é leve
alimentada a sopro de beijos e desígnios
cognominada mulher vocábulo ou insígnia
corpo de composição nua ou adornada
sobrevoando a tarde-noite dos olhos
alígero fugaz da boca e da tesura
da ninfa o sangue flua como aos órgãos vivos
da comunhão de signos e persignos
salve salve o que é belo e perscrutante
em manhã tarde e nesta noite senil
a cujo entremuro a vontade ainda urge

urgência que já pagou o check-in e aguarda a decolagem

e o atenção senhores passageiros

a quem cumpriu o primeiro roteiro da rota

e espera na cadeira derradeira

o aparelho agilizar os jatos

ao lado ou não a esculpida companheira

a um dia descartável também mas replena de beleza

ao momento véspera

textura

ludus

toma lá dá cá troca sem sentido
se o espaço do escambo ficou exíguo
e o jogo do xadrez ao peão perdeu a rainha
e a partida inditosa chegou ao xeque-mate
não há fuga no tablado nem no fado
as peças calaram seu conluio
mas nenhuma praga rogou o perdedor
baixou a cabeça assentida à decisão do recontro
não se mexeu na posição do ponto
enquanto a reflexão não se formulou
e a ida para a frente moveu seu elo
prélio encerrado ou outro desafio
a afiar a lâmina inconsútil do novo
desfechada flecha ao ignoto do vir
confuso não dizer de vozes e ruídos
que hão de ser decodificados ao relento

onde sopram as conjunções venais dos ventos

falando suas fúrias como a navegante

de uma viagem que é finda e um porto a atracar

espera a carga a descarregar-se ao talante

de rudo estivador escudado de greve

que nenhum decreto estancará

e a disputa se refará hostil

a caminho do seu descaminho

desditoso enxadrista

torre derreada

urbana

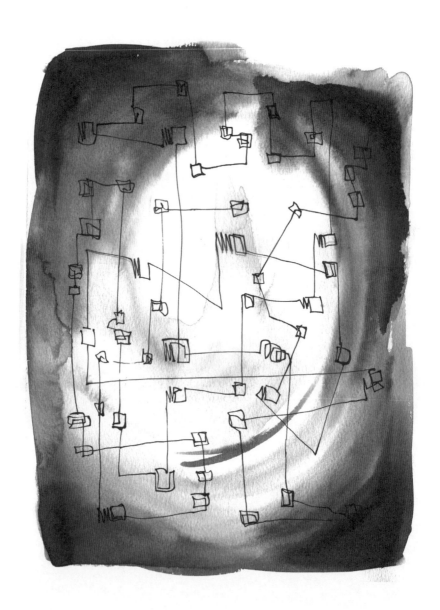

turvo rio margem assoreada
de terras podres ímpetos detritos
decompostos da plenitude e da beleza
saqueados a shoppings edifícios
o poder açodado e o poder acuado
vias de pecúnia pedante e rodante
quilômetros de fita métrica
medindo a aflição do relógio
e carros zero enfilando humilhados
o que não mais se vê que veículos e veículos
de vaidade afã de quem expecta
o sobe e desce da bolsa
o encontro da fêmea de programa
o conferir inferido da féria
e sobrenadando a água poluída
do último temporal
o conduto dos sem dos que não têm
lupenato dos mal natos
ordem de vez da astúcia do comando
súbito letal o regalo tomando
assalto relâmpago

poese

não apressar o sinal do espírito
cegante hora de iluminação de damasco
não subornar a aparição da palavra
que trará o fiat lux e escreva
a digitada fruição que só cai ao ocaso
acaso que a mão jovem não meneou transgressora
de aventura transitada rua
que acendia diário o holofote
e não se enxergava a corcunda cernelha
do animal predador pênsil ou assente
que haveria um dia de plasmar-se futuro
e tudo era dócil alegre nascituro
amava-se o instante e o colhia delirante
rindo aos dentes claros ressaltos fulgentes
boca de dizer o que há e o que se sente
incidente vocabulário a compor impudente

a história insinuante da vitória
e o coração pulsando a sua trajetória
de perquirir a intransitiva jura
e o querer prosseguir para o que desse e viesse
sem viés de fracasso repulsa de asco
e sentado aqui a esta pedra poente
refletir que o dia um dia foi florente
e se cantou sem cansar-se insistente
como se canta ao hoje neste peitoril de ponte
sem premência
velho cantor
ao sabor do paráclito

meridiano

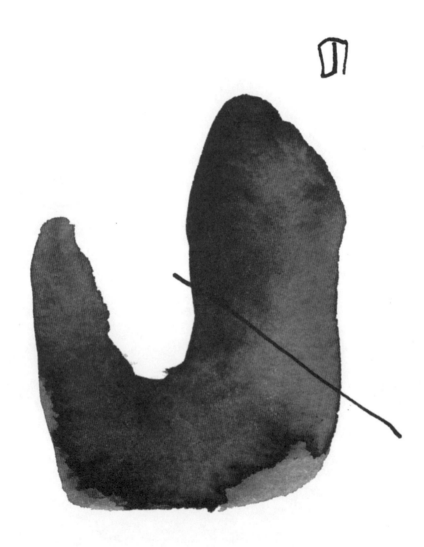

ao pleno sol de fortuito meio-dia
não em berço de ouro e estrela na testa
o soluço do vir ao mundo foi sua festa
e o sorrir do entorno sua prenda de incenso
nascer e o mover dos pés ao decassílabo
impressentido que um dia escandiria
escondido entre as letras do pear do destino
lento foi o formar do advento
do que falaria menos e escreveria mais
prólogos de infância erros de adolescência
até cair na vida da poetagem
e pagar ao lúcido e ao lúdico seu pedágio
homem ao termo dizer-se ao final da carreira
perlonga perlenga lida ao fruir
de que fruía e descobria a senha
décadas de aprender por si o filamento

do rudo desenho da lírica oferenda

e aguardar o não soberano

que há de fechar as hastas dos anos

e ouvir a sentença em haicai ou discurso

são doze horas truão

reacenda a luz do aceno

jogo floral

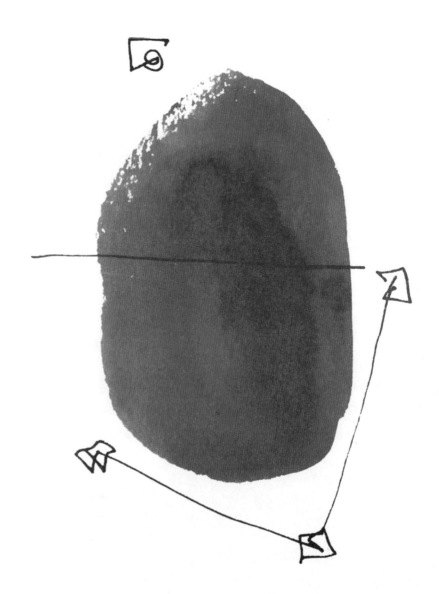

este lanço de flores há que dividí-lo
urna e memória sonho e amavio
machadianos dias idos e vividos
avilianos porfrentes lenços de despedida
unir as musas numa única fantasia
ternura partilhada partilhante ternura
olhar retroverso olhar de prenúncio
e repartir a qual a íntima partilha
a palavra é mulher dupla semântica
para a lúrida face a face do alvedrio
rosas caprichosas ao seu talante
aquela por ter sido esta por porvir
e não se sabe quando não se sabe quem
requiescat louvor e ave! fêmea vinda
floreio entrelaçado em dor e ardor
odor do beijo tido e odor do beijo ansiado
corpo e corpo corpo a corpo híbrido
matiz embevecido de tela do siglo de oro
cor tropical de sangue e rubor
florero
tarsila

repto

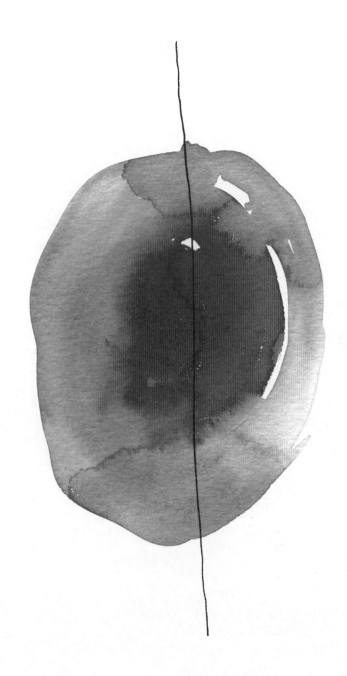

não se sutura a ferida a ror de algaravia
nem a mãos dadas de falso perjúrio
o sangue é vermelho não tem etnia
corre em veias como em valo de fantasmagoria
a que retalho explosão funde-se o míssil
de que bando emissário não há pronta resposta
a mulher que ontem teve o orgasmo de amante
hoje é a furtiva travesti da bomba
e o que há amanhã para comer
se o sórdido apetite comeu comum a insípida colheita
e não socorre o apelo ao curvar-se da prece
javé é um deus longínquo
alá não acode a seita salaz
o dólar manobra seu câmbio ao efeito do prélio
e nunca se sabe a que lucrativo petróleo
as ovelhas desertaram os pastos

e o cheiro da história é cheiro de holocausto

quem primeiro pisou o hectare de ódio

e soeu conquistar a escalada do pódio

só o silêncio retruca a vindita da curra

digam senhores da onu senhores dos tronos

a mística política perlustrante

e o mais indagar à falácia da mídia

bélica bíblica

faixa de gaza

lugar

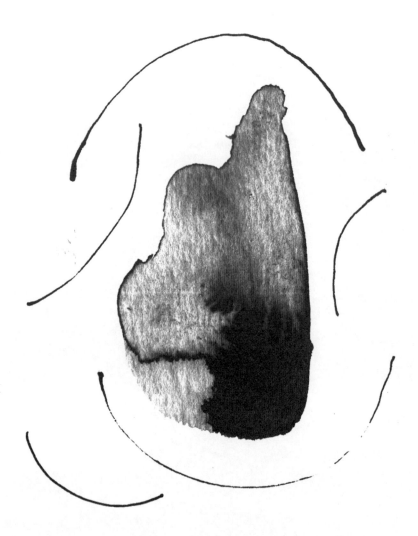

onde se ergueu a pedra angular
aqui é o lugar marcado a régua e esquadro
retilínea parede aquecida de quadros
a cadeira do encosto a mesa do repasto
servir o prato cerâmica ou prata
cada detalhe é uma fluente circunstância
à cama dormiu-se amou-se concebeu-se
sai-se a um banho sem nudo pudor
e canta-se auto aplaudido tenor
o vídeo é móvel move o olhar do que se fixa
tudo é claro à fantasia prolixa
de almofadas colchas o pertinaz guarda-roupa
livro ordenado à obediência da estante
a ciência é contínua cabe a uma página-mente
cinquenta anos de morador jacó servia
a cada volume esgar descendência
a casa solar se o é tem rua e placas perenes
o tempo tombou-a ao à vontade do hábito
sítio de aférese jargão
automenagem

suíte

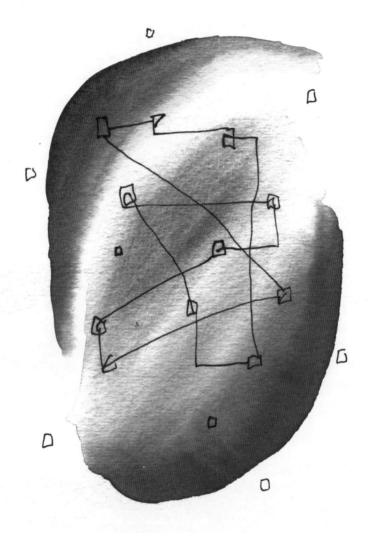

há que quebrar a noz do que por si é o limite
e prosternar a angustura do triste
há que falar-se a viva voz o segregado segredo
e desmistificar-se arremedo o capítulo do medo
há que ser-se o pois sim descartar-se o senão
e descarnar-se do corpo a iníqua solidão
há que deambular-se a recusada perna
e dealbar-se do recolhido olho a escusa paisagem externa
há que perseguir-se a desesperada esperança
e destrançar do óbvio a entrelaçada trança
há que tatear a dama no jogo da perícia
e deixar a libido libar-se à defasada impudicícia
há que desfactuar a sequência de fendas
e abrir ao conexo a entrefechada tenda
há que atender ao celular imprudente

e ouvir sem resposta a palavra entredentes

há que mover como dante o sol e as estrelas

e deslindar a vela panda o vê-lo o vê-las

há que contar companheiros parceira

o conto intentado da história primeira

há que enfim calar-se e aguardar que a noite

apresente o boleto pendente do pernoite

há que etc.

assim seja

unção

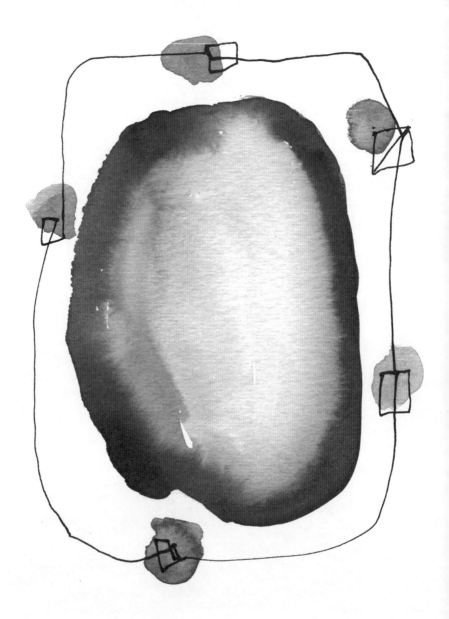

o tempo é pouco o fim é o eco
e o que dele se escuta é o recôndito do si
longo perpassar do ontem
sugado a sede do extremo
que cada dia se somava novo
uma taça vindima que fazia do vinho velho
o deguste pressabido do provado
e o saber sabor a reciclar-se infenso
ressaibo que se apurava à língua
dulçoroso frisante rascante
cupidez de um ardil que cumpria sorver
servir à mesa encanecida
e agora este sobejo infrangível
gota a gota aspirado
que resta arguir descenda lição
o máximo do mínimo

alciáticas

"... entregar à mente colocando ante os olhos"

André Alciati
Emblemata
1531

cada palavra é poema

emblema

cada palavra é poema

teima

cada palavra é poema

avena

cada palavra é poema

ordenha

cada palavra é poema

tença

cada palavra é poema
anátema

cada palavra é poema
blasfêmia

cada palavra é poema
obscena

cada palavra é poema
confluência

cada palavra é poema
fêmea

cada palavra é poema

hiena

cada palavra é poema

nênia

cada palavra é poema

ausência

cada palavra é poema

carência

cada palavra é poema

nascença

cada palavra é poema
oitenta

cada palavra é poema
calenda

cada palavra é poema
senha

cada palavra é poema
extrema

cada palavra é poema
poema

emblema

dizer e não dizer

o gravado recado

teima

insistir em existir

relva arcaica

avena

tocá-la a sopro apenas

de melodia serena

ordenha

cativar as tetas da ovelha

e tosar com desvelo sua lã

tença

ter a semântica

é a única pertença

anátema

não acatá-lo se pune

a alma imune

blasfêmia

não incitar o divino

em desatino

obscena

se é óbvia a incúria

fruí-la sem luxúria

confluência

conluio de rios

em mãos dadas de ritmo

fêmea

três cláusulas permissivas

odor calor apetência

hiena

não açular a fera

enquanto durar a espera

nênia

por quem foi por quem era

a memória

ausência

mirar para um espelho
que não devolve a imagem

carência

a água e pão
suster o coração

nascença

sair do início para o fim
sem saber o caminho

oitenta

número redondo

amálgama de aros

calenda

dobrar a próxima página

do calendário

senha

sabê-la ou não sabê-la
não abrí-la

extrema

duas retas se encontrando

no infinito

poema

coisa nossa

mais-valia

affonso ávila

o visto e o imaginado (s12)

a lógica do erro (s32)

poeta poente (s51)

na coleção signos

Este livro foi impresso em São Paulo,
nas oficinas da Bartira Gráfica e Editora S.A.,
em julho de 2010, para a Editora Perspectiva S.A.